BEI GRIN MACHT SICH WISSEN BEZAHLT

- Wir veröffentlichen Ihre Hausarbeit,
  Bachelor- und Masterarbeit

- Ihr eigenes eBook und Buch -
  weltweit in allen wichtigen Shops

- Verdienen Sie an jedem Verkauf

Jetzt bei www.GRIN.com hochladen
und kostenlos publizieren

Die Kindergrundsicherung und das Modell zur Bekämpfung von Kinderarmut. Chancen und Grenzen

Luise Weinhold

Bibliografische Information der Deutschen Nationalbibliothek:

Die Deutsche Nationalbibliothek verzeichnet diese Publikation in der
Deutschen Nationalbibliografie; detaillierte bibliografische Daten sind
im Internet über http://dnb.d-nb.de abrufbar.

ISBN: 9783346450357
Dieses Buch ist auch als E-Book erhältlich.

Druck und Bindung: Books on Demand GmbH, Norderstedt Germany
Gedruckt auf säurefreiem Papier aus verantwortungsvollen Quellen

Das vorliegende Werk wurde sorgfältig erarbeitet. Dennoch
übernehmen Autoren und Verlag für die Richtigkeit von Angaben,
Hinweisen, Links und Ratschlägen sowie eventuelle Druckfehler keine
Haftung.

Das Buch bei GRIN: https://www.grin.com/document/1036014

Berufsakademie Lüneburg in Kooperation mit der Berufsakademie Göttingen

Kindergrundsicherung

Chancen und Grenzen des Modells zur Bekämpfung von Kinderarmut

Hausarbeit im Rahmen des Seminars „Jugendhilfe"

Wintersemester 2019/20

Luise Weinhold

Studiengang: Soziale Arbeit

Semester: 1

Abgabe am: 17.03.2020

Inhalt

1. Einleitung

„Die Vertragsstaaten erkennen das Recht jedes Kindes auf einen seiner körperlichen, geistigen, seelischen, sittlichen und sozialen Entwicklung angemessenen Lebensstandard an."[1],

heißt es in Artikel 27 Abs. 1 der UN-Kinderrechtskonvention von 1989, zu deren Unterzeichnern auch Deutschland gehört. Doch dieses Recht ist durch ein Leben in Armut stark gefährdet. Glücklicherweise hat die Bekämpfung von Kinderarmut in den letzten Jahrzehnten einen zunehmend wichtigeren Stellenwert in Deutschland eingenommen. Das Starke-Familien-Gesetz von 2019 ist eine der aktuellsten Bemühungen, den Familienlastenausgleich fair zu gestalten und dabei auch Kinderarmut zu senken. Einigen Parteien und NGOs geht dieses Maßnahmenpaket jedoch nicht weit genug: Sie fordern die Einführung einer Kindergrundsicherung. Diese solle Kinderarmut nachhaltiger bekämpfen können als beispielsweise ein reformierter Kinderzuschlag. In die Überlegungen zur Kinderarmut spielen auch immer Fragen zu Kinderrechten eine Rolle: Was steht Kindern in welchem Umfang zu? Auf der einen Seite gelten Kinder als unschuldig an ihrer Armutslage und sollten deswegen besonders vom Staat geschützt und gefördert werden, auf der anderen Seite wird die Versorgung der Kinder weitgehend als Aufgabe der Eltern betrachtet, in die sich der Staat nur zögerlich einmischt.

Diese Arbeit möchte folgender Frage auf den Grund gehen: Welche Chancen bietet und welche Grenzen hat die Kindergrundsicherung als Maßnahme zur Bekämpfung von Kinderarmut? Um diese Frage beantworten zu können, wird zunächst Grundlagenwissen über Kinderarmut und das Modell der Kindergrundsicherung aus verschiedenen Quellen zusammengetragen. Bei der Kindergrundsicherung wird sich am Modell des Bündnisses KINDERGRUNDSICHERUNG orientiert, da dieses Bündnis von vielen bekannten Organisationen unterstützt wird. Im Hauptteil werden dann zuerst die Chancen bzw. Stärken und danach Grenzen bzw. Schwächen des Modells beleuchtet. Dabei soll besonders der Komplexität des Themas Kinderarmut durch eine kritische Perspektive auf die Argumente beider Seiten Rechnung getragen werden. Im Fazit erfolgt eine Einschätzung zur Kindergrundsicherung und ein Ausblick hinsichtlich der möglichen Implementierung im deutschen Wohlfahrtsstaat.

---

[1] Kinderrechtskonvention.info (o.J.): Recht auf einen angemessenen Lebensstandard. Abgerufen am 14.03.2020 von: https://www.kinderrechtskonvention.info/recht-auf-einen-angemessenen-lebensstandard-3611/.

2. Hintergrundwissen

Bevor die Chancen und Grenzen der Kindergrundsicherung betrachtet werden können, soll zuerst ein Überblick über Kinderarmut in Deutschland und danach über das Modell der Kindergrundsicherung gegeben werden.

2.1 Kinderarmut im Überblick

Erstaunlicherweise hat Armut als politisches Thema noch keine lange Tradition in Deutschland.[2] Obwohl das Thema bereits seit Mitte der 70er Jahre beforscht wurde, haben erst die EU-Armutsberichte der 80er zu eigenen Armuts- und Reichtumsberichten der deutschen Regierung in den 2000ern geführt.[3] Die Forschungen zu Kinderarmut im Besonderen wird auch erst seit den 1990ern aus einer kindzentrierten Sichtweise betrieben.[4]

Wie lässt sich Kinderarmut im Speziellen definieren? Bei genauer Betrachtung scheitert eine Definition schon an der Teildefinition des Wortes Kind. Auch die Forschung handhabt es unterschiedlich, wer als Kind gilt. Die Interpretationen schwanken zwischen der Zeit bis zur Volljährigkeit – in der Regel 18, aber manchmal unter Einbeziehung der Übergangsregelung bis zum 21. Lebensjahr –, dem Ende der Schulpflicht oder der Unterscheidung zwischen Kindern als Personen unter 14 und Jugendlichen als Personen zwischen 14 und 18.[5] Es bleibt an dieser Stelle nichts anderes übrig, als diese Uneindeutigkeit zu akzeptieren, um die verschiedenen Quellen nutzen zu können.

Zurück zur Kinderarmut selbst. Die direkte Kinderarmut ist nur schwer ermittelbar, weil Kinder normalerweise kein eigenes Einkommen haben und sich ihr Einkommen deshalb nach dem der Familie richtet.[6] Vereinfacht lässt sich also sagen: „Kinder sind dann arm, wenn sie in armen Haushalten leben."[7] Als arm gelten wiederum Haushalte, die sich unterhalb der Armutsgrenze befinden, die bei 60 % des nationalen Durchschnittseinkommens liegt.[8] Armut

---

2 Vgl. Bronke (2011): Die Debatte um eine Kindergrundsicherung. In: Kindergrundsicherung. S. 15.
3 Vgl. ebd.
4 Vgl. März (2017): Kinderarmut in Deutschland und die Gründe für ihre Unsichtbarkeit. S. 125.
5 Vgl. Reichwein (2012): Kinderarmut in der Bundesrepublik Deutschland. Lebenslagen, gesellschaftliche Wahrnehmung und Sozialpolitik. S. 41.
6 Vgl. Bronke (2011): Die Debatte um eine Kindergrundsicherung. In: Kindergrundsicherung. S. 17.
7 Ebd.
8 Vgl. Stork, Remi (2018): Armut von Kindern und Jugendlichen. In: Schäfer, Montag, Deterding (Hg.): „Arme habt ihr immer bei euch". S. 88.

kann demnach neben erwerbslosen BezieherInnen von Sozialleistungen auch Menschen im Niedriglohnsektor betreffen.

Als Ursachen für familiäre Einkommensarmut gelten: die ungleiche Primärverteilung von Einkommen und Vermögen in der Bevölkerung insgesamt, ein mangelndes Arbeitsplatzangebot, ein wachsender Niedriglohnsektor, die Ausdehnung geringfügiger Beschäftigung und mangelhafte Kinderbetreuungsangebote.[9] Letzteres erschwere insbesondere Frauen die Arbeitsmarktintegration.[10] Mit anderen Worten: „Einem erhöhten Bedarf durch das zu versorgende Kind ohne eigenes Einkommen steht oft ein geringeres Einkommen durch Einschränkung der Erwerbsmöglichkeiten gegenüber."[11] Diese Problematik verschärfe sich, je mehr Kinder im Haushalt leben.[12] Nach Lange ist Kinderarmut eine Folge der sozialen Selektivität des deutschen Bildungswesens und zeige, dass der Familienlastenausgleich unzureichend ist, weil Kinder immer noch Risikofaktor für Armut wären.[13] Manche Familien könnten zwar ihren Bedarf, doch nicht den ihrer Kinder decken.[14]

Da der Fokus auf materielle Armut jedoch der komplexen Problemlage nicht gerecht wird, wird im moderneren, sogenannten Lebenslagenansatz als erweitertem Armutsverständnis neben Einkommen auch Bildung, Gesundheit, Wohnen und gesellschaftliche Partizipation erfasst.[15] Denn auch diese Bereiche könnten zu sozialem Ausschluss und der Verfestigung von Armut führen.[16] Armut gehe häufig mit anderen Benachteiligungen bzw. multiplen Deprivationen einher, wie schlechter Ernährung, Krankheiten, Gewalt, schlechten Bildungschancen und weniger kulturellen Erfahrungen, was junge Menschen auch langfristig schädigen könne.[17] Obwohl materielle Mängel nicht zwingend Kinder beeinträchtigten, werde in der Regel zuerst an sozialen und kulturellen Bedürfnissen gespart, was die Teilhabe von Kindern gefährde.[18] Kurzgefasst ist Armut fehlendes ökonomisches, kulturelles und soziales Kapital.[19]

Kinderarmut nimmt mittlerweile einen besonderen Stellenwert in der Gesellschaft ein, weil sie unseren Gerechtigkeitsvorstellungen widerspricht und weil Kinder außerdem als ‚unverschuldet' arm gelten.[20] Ähnlich äußert sich auch der bekannte Armutsforscher Christoph

[9] Vgl. Bronke (2011): Die Debatte um eine Kindergrundsicherung. In: Kindergrundsicherung. S. 20f.
[10] Vgl. Lange (2011): Kindergrundsicherung – eine gute Idee? In: Kindergrundsicherung. S. 7.
[11] Bronke (2011): Die Debatte um eine Kindergrundsicherung. In: Kindergrundsicherung. S. 21.
[12] Vgl. ebd.
[13] Vgl. Lange (2011): Kindergrundsicherung – eine gute Idee? In: Kindergrundsicherung. S. 7.
[14] Vgl. ebd.
[15] Vgl. Bronke (2011): Die Debatte um eine Kindergrundsicherung. In: Kindergrundsicherung. S. 21.
[16] Vgl. ebd.
[17] Vgl. Stork, Remi (2018): Armut von Kindern und Jugendlichen. In: Schäfer, Montag, Deterding (Hg.): „Arme habt ihr immer bei euch". S. 87 – 89.
[18] Vgl. März (2017): Kinderarmut in Deutschland und die Gründe für ihre Unsichtbarkeit. S. 129.
[19] Vgl. Stork, Remi (2018): Armut von Kindern und Jugendlichen. In: Schäfer, Montag, Deterding (Hg.): „Arme habt ihr immer bei euch". S. 88.
[20] Vgl. Lange (2011): Kindergrundsicherung – eine gute Idee? In: Kindergrundsicherung. S. 7.

Butterwegge. So träfe Kinder als „Prototyp der ‚würdigen Armen'"[21] als einzige nicht der Vorwurf des Leistungsmissbrauchs.[22] Kinder werden als besonders verletzbare Bevölkerungsgruppe angesehen, die vor den umfassendsten Entwicklungsaufgaben stehe.[23] Zusätzlich spielen auch volkswirtschaftliche Überlegungen eine Rolle, die Kinder als wichtige gesellschaftliche Ressource aufgrund ihrer Entfaltungspotentiale betrachten.[24] März kritisiert jedoch, dass der Staat Kinder ausschließlich als zukünftige Erwerbsarbeiter betrachtet; Kinderarmut ‚im Hier und Jetzt' werde dadurch unsichtbar.[25]

Bis zu drei Millionen Kinder und Jugendliche leben in Deutschland in Armut, jedes fünfte lebe in Hartz-IV- bzw. Sozialhilfe-Haushalten.[26] Schon länger gehört Deutschland zu den Ländern mit hoher Kinderarmut; laut OECD lag die Kinderarmutsquote 2008 bei 16 %[27] und 2017 laut dem 5. Reichtums- und Armutsbericht der deutschen Regierung bei 21 %[28]. Zu der statistisch erfassbaren Zahl armer Kinder kommen zusätzlich noch illegalisierte EinwanderInnen und die sogenannten verdeckt armen Haushalte hinzu, also Haushalte, die trotz Rechtsanspruchs keine Sozialleistungen beantragen.

Die Maßnahmen des Familienlastenausgleichs kosteten laut dem Bundesministerium für Arbeit und Soziales 2009 99 Milliarden Euro.[29] Trotz dieser großen Investition ist Kinderarmut weiterhin hoch – ein deutlicher Hinweis darauf, dass das jetzige System verbesserungswürdig ist. Die Schwächen des derzeitigen Kinderlastenausgleichs als Teil des Familienlastenausgleichs sieht Becker darin, dass das Kindergeld das sächliche Existenzminimum nicht decke und steuerrechtlich anzuerkennender Betreuungs-, Erziehungs- und Ausbildungsbedarf nicht berücksichtigt würde.[30] Selbst in Kombination mit anderen monetären Transfers würde das Existenzminimum nicht erreicht.[31] Die hohen impliziten

---

[21] Vgl. Butterwegge (2015): Hartz IV und die Folgen. S. 279.
[22] Vgl. ebd.
[23] Vgl. Stork, Remi (2018): Armut von Kindern und Jugendlichen. In: Schäfer, Montag, Deterding (Hg.): „Arme habt ihr immer bei euch". S. 87.
[24] Vgl. Bronke (2011): Die Debatte um eine Kindergrundsicherung. In: Kindergrundsicherung. S. 24. und vgl. Stork, Remi (2018): Armut von Kindern und Jugendlichen. In: Schäfer, Montag, Deterding (Hg.): „Arme habt ihr immer bei euch". S. 87.
[25] Vgl. März (2017): Kinderarmut in Deutschland und die Gründe für ihre Unsichtbarkeit. S. 292.
[26] Vgl. Stork, Remi (2018): Armut von Kindern und Jugendlichen. In: Schäfer, Montag, Deterding (Hg.): „Arme habt ihr immer bei euch". S. 88.
[27] Vgl. Bronke (2011): Die Debatte um eine Kindergrundsicherung. In: Kindergrundsicherung. 18. Außerdem landete Deutschland bei einer vergleichenden UNICEF-Studie 2007 zum Kindeswohl nur auf Platz 11 von 21 Industriestaaten. S. dazu a.a.O. S. 23.
[28] Vgl. Stork, Remi (2018): Armut von Kindern und Jugendlichen. In: Schäfer, Montag, Deterding (Hg.): „Arme habt ihr immer bei euch". S. 87.
[29] Vgl. Becker (2011): Ökonomische Auswirkungen aktueller Vorschläge gegen Kinderarmut. In: Kindergrundsicherung. S. 55.
[30] Vgl. Becker (2011): Ökonomische Auswirkungen aktueller Vorschläge gegen Kinderarmut. In: Kindergrundsicherung. S. 55.
[31] Vgl. a.a.O. S. 58.

Steuersätze im untersten Einkommensbereich belasteten die Unter- und untere Mittelschicht, während die hohen Entlastungsbeträge der oberen Schichten diese unfair bevorteilen würden.[32]

Als die beiden populärsten Reformkonzepte haben sich ein verbesserter Kinderzuschlag und die Kindergrundsicherung, sozusagen ein erhöhtes, aber zu versteuerndes Kindergeld, herauskristallisiert.[33] Das zweite Reformkonzept soll im Rahmen dieser Arbeit genauer untersucht werden.

2.2 Kindergrundsicherung im Überblick

Treffend schreiben König und Schopp 2011: „Es existiert kein Erkenntnisdefizit, sondern ein Handlungsdefizit!"[34] Das Problem der Kinderarmut ist seit Jahrzehnten bekannt, trotzdem hat sich bisher wenig getan. Die Kindergrundsicherung soll ein Teil der Lösung des Problems der Kinderarmut darstellen. Zahlreiche Organisationen und Fachleute setzen sich für die Einführung einer Kindergrundsicherung ein – darunter die 15 Verbände, Gewerkschaften und 13 WissenschaftlerInnen des Bündnisses KINDERGRUNDSICHERUNG.[35] 2008 erfolgte der erste Konzeptentwurf[36] und seitdem wird es weiterentwickelt bzw. angepasst. Beispielsweise stieg das Existenzminimum von 502 Euro in 2008 auf aktuell 637 Euro.[37] Obwohl es verschiedene Konzepte zur Kindergrundsicherung gibt, soll sich im Rahmen dieser Arbeit auf das Modell dieses Bündnisses konzentriert werden. Durch seine zahlreichen UnterstützerInnen, auch in der Parteienlandschaft, und seine fundierten Berechnungen ist es ein seriöses Konzept, das durchaus auch politisch umgesetzt werden könnte.

Die Kindergrundsicherung soll die Existenzsicherung von Kindern verbessern. Diese sei laut Bündnis durch die bisherigen Hartz-IV-Sätze nicht ausreichend gewährt. Obwohl bereits 2010 das Bundesverfassungsgericht in einem Urteil darauf verwies, dass das soziokulturelle Existenzminimum gerade von Kindern „in einem transparenten, nachvollziehbaren und empirisch belegten Verfahren zu gewährleisten"[38] sei. Bisher würde der Bedarf von Kindern

---

[32] Vgl. a.a.O. S. 60.
[33] Vgl. a.a.O. S. 61.
[34] König und Schopp (2011): Kinder brauchen mehr! In: Kindergrundsicherung. S. 34.
[35] S. dazu die Website des Bündnisses: Bündnis KINDERGRUNDSICHERUNG (O.J.): Kinderarmut hat Folgen. Abgerufen am 08.03.2020 von: http://www.kinderarmut-hat-folgen.de/.
[36] Vgl. König und Schopp (2011): Kinder brauchen mehr! In: Kindergrundsicherung. S. 35.
[37] Vgl. ebd. und die Website des Bündnisses: Bündnis KINDERGRUNDSICHERUNG (O.J.): Kinderarmut hat Folgen. Abgerufen am 08.03.2020 von: http://www.kinderarmut-hat-folgen.de/. Dieser Unterschied in der Betragshöhe muss auch bei den folgend erwähnten Berechnungen berücksichtigt werden, die sich auf ältere Zahlen beziehen. Anm. d. V.
[38] Vgl. Bronke (2011): Die Debatte um eine Kindergrundsicherung. In: Kindergrundsicherung. S. 25.

nicht eigens ermittelt, sondern werde „mit einem willkürlich festgesetzten Prozentsatz aus dem Regelsatz alleinstehender Erwachsener abgeleitet."[39] Die Höhe der Kindergrundsicherung soll laut Bündnis nach dem verfassungsrechtlichen Existenzminimum aktuell 637 Euro betragen.[40] Es soll an alle Eltern bzw. volljährigen Kinder gezahlt werden.[41] Eine Unterscheidung nach Alter oder Anzahl der Kinder sei derzeit nicht vorgesehen, da die bisherigen Abstufungen umstritten und wissenschaftlich nicht fundiert genug wären.[42] Der Betrag setzt sich aus 417 Euro sächlichem Existenzminimum, sowie 220 Euro Freibetrag für die Betreuung und Erziehung bzw. Ausbildung zusammen.[43] Künftig könnte der Freibetrag auch durch kostenfreie staatliche Leistungen abgedeckt werden, doch als Übergangslösung soll er als steuerlicher Freibetrag zur Verfügung stehen.[44] Damit soll der Bedeutung von Bildung zur Bekämpfung von Armut Rechnung getragen werden.

Bei Beträgen von 637 Euro pro Kind stellt sich als nächstes die Frage der Finanzierung. Diese soll durch verschiedene Vorschläge abgesichert werden. Zum einen gäbe es einen Rückfluss an Geldern durch die Besteuerung[45], außerdem wird die Abschaffung des Ehegattensplittings gefordert.[46] Weitere Ideen sind die moderate Anhebung der Vermögens- und Erbschaftssteuer, eine Börsenumsatzsteuer und ein Kinder-Soli. Auch seien Einsparungen an Bürokratiekosten zu erwarten.[47]

Die Haltung zum ‚verwandten' Grundeinkommen ist hingegen umstritten. Während einige das Modell Kindergrundsicherung als Einstieg für ein kommendes Grundeinkommen für alle betrachten,[48] lehnt das Bündnis KINDERGRUNDSICHERUNG ein Grundeinkommen mit dem Argument ab, erwerbsfähige Menschen sollten sich ihren Lebensunterhalt durch existenzsichernde Erwerbsarbeit selbst verdienen.[49]

---

[39] Caritas (2008): Spezial zur Kinderarmut. Abgerufen am 08.03.2020 von: https://www.caritas.de/neue-caritas/heftarchiv/jahrgang2008/artikel2008/spezial-zur-kinderarmut.

[40] Vgl. Bündnis KINDERGRUNDSICHERUNG (O.J.): Kinderarmut hat Folgen. Abgerufen am 08.03.2020 von: http://www.kinderarmut-hat-folgen.de/.

[41] Vgl. König und Schopp (2011): Kinder brauchen mehr! In: Kindergrundsicherung. S. 36. Junge Erwachsene, die sich in der Ausbildung befinden und diese vor Vollendung des 27. Lebensjahres begonnen haben, sollen auch Anspruch auf Kindergrundsicherung haben. Sie würde damit für Auszubildende und Studierende BAföG ersetzen, da jedoch weiterhin aufstockend als Darlehen verfügbar sein soll. Ebd.

[42] Vgl. Becker (2011): Ökonomische Auswirkungen aktueller Vorschläge gegen Kinderarmut. In: Kindergrundsicherung. S. 64f.

[43] Vgl. Bündnis KINDERGRUNDSICHERUNG (O.J.): Kinderarmut hat Folgen. Abgerufen am 08.03.2020 von: http://www.kinderarmut-hat-folgen.de/.

[44] Vgl. König und Schopp (2011): Kinder brauchen mehr! In: Kindergrundsicherung. S. 35f.

[45] Näheres dazu im Kapitel 3.1. Chancen.

[46] Vgl. a.a.O. S. 39.

[47] Vgl. a.a.O. S. 39.

[48] Vgl. Nullmeier (2011): Politisch-strategische Überlegungen zur Kindergrundsicherung. In: Kindergrundsicherung. S. 128f.

[49] Vgl. König und Schopp (2011): Kinder brauchen mehr! In: Kindergrundsicherung. S. 37.

2011 lag die Schätzung bei 2,4 Millionen armen Kindern, die von diesem Modell profitieren würden.[50]

3. Chancen und Grenzen der Kindergrundsicherung

Dieses Kapitel soll beleuchten, was die Kindergrundsicherung zur Bekämpfung von Kinderarmut leisten kann und was nicht. Nach dem Unterkapitel „Chancen", das die Stärken des Modells darstellt, zeigt das Unterkapitel „Grenzen", wo die Schwächen liegen und welche zusätzlichen Maßnahmen nötig oder sinnvoll sind, um Kinderarmut in Deutschland nachhaltig und effektiv zu senken. Die Liste ist dabei nicht abschließend.

3.1 Chancen

Der offensichtlichste Vorteil der Kindergrundsicherung ist natürlich die Verbesserung der Einkommenssituation von Kindern.[51] Da Einkommensarmut einen entscheidenden Teil von Armut ausmacht, wäre diese Verbesserung allein bereits ein großer Schritt. Stork weist darauf hin, dass die viel zitierte Bildung kein Ersatz für eine gerechte Reichtumsverteilung sei,[52] besonders hinsichtlich des selektiven Bildungssystems. Eine von der Hans-Böckler-Stiftung beauftragte Studie kam 2009 zu dem Ergebnis, dass die Kindergrundsicherung Kinderarmut am nachhaltigsten bekämpfen würde und die Armutsquote bei Kindern unter 15 Jahren von damals 16,5 % auf 3,3 % senke.[53] Diese beachtliche Verbesserung soll an dieser Stelle angemessen gewürdigt werden.

Zusätzlich soll die bisher ungleiche Förderung durch Sozialgeld, Kindergeld und Steuerfreibeträge von Kindern korrigiert werden, denn der Staat sei verpflichtet, jedem Kind gleiche Chancen zu gewähren.[54] Die bisherigen Regelungen bevorteilten wohlhabendere Familien.[55] In dem vorgesehenen Modell, welches eine gestufte Kindergrundsicherung vorsieht, würde der Betrag zwar unabhängig vom Vermögen der Eltern gezahlt, jedoch wird

---

[50] Vgl. a.a.O. S. 40.
[51] Vgl. Lange (2011): Kindergrundsicherung – eine gute Idee? In: Kindergrundsicherung. S. 8.
[52] Vgl. Stork, Remi (2018): Armut von Kindern und Jugendlichen. In: Schäfer, Montag, Deterding (Hg.): „Arme habt ihr immer bei euch". S. 91.
[53] Vgl. König und Schopp (2011): Kinder brauchen mehr! In: Kindergrundsicherung. S. 37.
[54] Vgl. a.a.O. S. 34.
[55] Vgl. Becker (2011): Ökonomische Auswirkungen aktueller Vorschläge gegen Kinderarmut. In: Kindergrundsicherung. S. 58.

der Steuersatz der Eltern mit Progressionsaussetzung[56] angewandt, wodurch arme Haushalte keine Abzüge erhalten, die Leistung aber bei BesserverdienerInnen schrittweise abschmelze.[57] Während bisher also im dualen Familienlastenausgleich (bestehend aus Kindergeld und Steuerfreibeträgen für Kinder) der obere Einkommensbereich entlastet würde, gäbe es dann eine sinkende Förderung für finanziell leistungsstärkere Eltern.[58] Von dem neuen System würden besonders Alleinerziehende profitieren,[59] die bisher generell häufig von Armut betroffen sind.

Weil durch die Kindergrundsicherung nur noch *ein* familienpolitischer Transfer gezahlt werde,[60] könne dieses Modell auch mit Transparenz und Bürokratieabbau punkten.[61] Die Kindergrundsicherung ersetze zahlreiche kindbedingte Transfers, wie Kinderzuschlag, Sozialgeld nach SGB II, Teile des Wohngeldes und BAFöG, und deren aufwändige und belastende Bedürftigkeitsprüfung.[62] Mit der Entbürokratisierung geht die Hoffnung einher, dass mehr Menschen die Leistungen in Anspruch nähmen und außerdem die Kosten der Verwaltung sänken. Ähnliche Argumente bringt auch Bronke, indem er als Nebenziele (des Hauptziels der Bekämpfung von Kinderarmut) die Verringerung des Dunkelfeldes, also nichtbeantragter Leistungen, und der Vereinfachung des komplizierten Systems des Familienlastenausgleichs benennt.[63] Als weitere Nebenziele nennt er die Umverteilung des verfügbaren Einkommens, Abbau von Barrieren zu Bildung und Teilhabe und bessere Bedingungen für die Familiengründung, die auch bevölkerungspolitisches Ziel sei.[64]

Da der Bezug von Sozialleistungen oftmals stigmatisierend empfunden wird, könnte der Bezug von Kindergrundsicherung, die grundsätzlich allen Kindern zusteht und falls sie vorrangig vor anderen Leistungen gezahlt wird, entstigmatisierend wirken.[65] Auch dadurch könnte es zu einer Abnahme der Dunkelziffer verdeckt Armer kommen, wenn die Beantragung von

---

[56] Das bedeutet, der Betrag der Kindergrundsicherung erhöht den Steuersatz des elterlichen Einkommens nicht. Anm. d. V.
[57] Vgl. König und Schopp (2011): Kinder brauchen mehr! In: Kindergrundsicherung. S. 36. Allerdings ist darauf hinzuweisen, dass es noch eine zusätzliche kleine Anpassung gäbe, um Eltern knapp über dem Grundfreibetrag nicht mit zu hoher Steuerlast zu benachteiligen. Näheres dazu bei Becker (2011): Ökonomische Auswirkungen aktueller Vorschläge gegen Kinderarmut. In: Kindergrundsicherung. S. 67.
[58] Vgl. Becker (2011): Ökonomische Auswirkungen aktueller Vorschläge gegen Kinderarmut. In: Kindergrundsicherung. S. 64.
[59] Vgl. König und Schopp (2011): Kinder brauchen mehr! In: Kindergrundsicherung. S. 38.
[60] Vgl. Becker (2011): Ökonomische Auswirkungen aktueller Vorschläge gegen Kinderarmut. In: Kindergrundsicherung. S. 64. Allerdings müssten Sonderbedarfe weiterhin durch nachrangige Systeme wie Wohngeld oder SGB XII gedeckt werden, das könnte der pauschalierte Betrag der Kindergrundsicherung nicht leisten. Vgl. a.a.O. 65f.
[61] Vgl. Becker (2011): Ökonomische Auswirkungen aktueller Vorschläge gegen Kinderarmut. In: Kindergrundsicherung. S. 66.
[62] Vgl. a.a.O. S. 65.
[63] Vgl. Bronke (2011): Die Debatte um eine Kindergrundsicherung. In: Kindergrundsicherung. S. 25f.
[64] Vgl. ebd.
[65] Vgl. König und Schopp (2011): Kinder brauchen mehr! In: Kindergrundsicherung. S. 36.

Kindergrundsicherung nicht so abschreckend wie die Beantragung anderer sozialer Leistungen wirkt.

Zusammengefasst wurden folgende Chancen bzw. Stärken der Kindergrundsicherung ermittelt:

- Verbesserung der Einkommenssituation von Kindern
- Senkung der Kinderarmutsquote
- Verbesserung der Chancengleichheit aller Kinder
- Transparenz, Bürokratieabbau und Vereinfachung
- Entstigmatisierung des Leistungsbezugs
- Verringerung des Dunkelfeldes

3.2 Grenzen

Die vorliegenden Quellen erkennen allesamt an, dass die Kindergrundsicherung kein ‚Allheilmittel' ist und nur gemeinsam mit anderen Maßnahmen besonders effektiv und nachhaltig Kinderarmut senken kann. Zusätzliche empfohlene Maßnahmen sind unter anderem: steigende Mindestlöhne, der Ausbau des Wohngeldes, sowie eine verbesserte Betreuungs- und Bildungsinfrastruktur.[66] Das Bündnis KINDERGRUNDSICHERUNG selbst fordert die Schaffung eines gebührenfreien und qualitativ guten Bildungswesens, die Abschaffung der Kitagebühren, den Ausbau der Kinderbetreuung und Ganztagsschulen, sowie bundeseinheitliche Standards statt Föderalismus.[67] Außerdem fordern sie die Abschaffung der Studiengebühren, eine bessere Vereinbarkeit von Familie und Beruf für Alleinerziehende und mehr Beratungs- und Bildungsangebote für Kinder und Eltern, wie beispielsweise Familientreffpunkte und familienbezogene Frühförderprogramme.[68]

Auch wird danach gefragt, ob der Vorschlag der Kindergrundsicherung „nicht lediglich zu einer besseren finanziellen Ausstattung in Armutssituationen führt, statt die eigentlichen Ursachen von Armut im Sinne unzureichender Teilhabechancen anzugehen."[69] Dass Armut mehr ist als nur Mangel an Einkommen, hat die Armutsforschung in den letzten zwei Jahrzehnten deutlich herausgearbeitet und versucht mit dem bereits erwähnten Ansatz des Lebensfeldes ein realistischeres Bild zur Armut zu erfassen. Bronke erklärt, dass die Anforderungen an Lösungen der Kinderarmut mehr als nur Einkommensarmut berücksichtigen müssten; die

---

[66] Vgl. Lange (2011): Kindergrundsicherung – eine gute Idee? In: Kindergrundsicherung. S. 8f.
[67] Vgl. König und Schopp (2011): Kinder brauchen mehr! In: Kindergrundsicherung. S. 36.
[68] Vgl. König und Schopp (2011): Kinder brauchen mehr! In: Kindergrundsicherung. S. 37.
[69] Lange (2011): Kindergrundsicherung – eine gute Idee? In: Kindergrundsicherung. S. 11.

Maßnahmen müssten auch die Teilhabe betreffen.[70] Kinderarmut bedeute auch Armut der Familien und die Maßnahmen müssten sich daher auch auf die Familie als Ganzes beziehen und Erwerbsarbeit gestalten.[71] Und da Veränderungen von Transferleistungen auch andere Bereiche beeinflussten, müssten das Gesamtsystem des Familienausgleichs betrachtet werden.[72]

Die Kindergrundsicherung versucht zwar, Teilhabeleistungen zu berücksichtigen, in den derzeitigen Modellen jedoch meistens in Form einer zusätzlichen materiellen Leistung, bis andere Angebote vom Staat ausgebaut wurden. Damit verbessere sich jedoch erstmal nur die Einkommenssituation der Familie. Für Nullmeier sind soziale Dienstleistungen jedoch nicht automatisch geeigneter als Transferleistungen. Er wendet ein, dass bei sozialen Dienstleistungen statt Transfers die Gefahr bestünde, dass bedürftige Kinder diese Dienstleistungen weniger nutzten als der Durchschnitt[73] und sie damit auch nicht die Zielgruppe erreichten. Dieser Ansicht schließen sich Richter-Kornweitz und Holz in einem Artikel zu kindbezogener Armutsprävention an.[74] Andererseits bestehe beispielsweise bei kostenfreien Dienstleistungen für alle Kinder auch der strategische Vorteil, dass diese Maßnahmen eher von der Mittelschicht befürwortet würden, da sie auch davon profitierten.[75] Treffend schreibt Nullmeier: „Ein Sozialstaat als universalistische Veranstaltung hat immer eine höhere Akzeptanz als ein Sozialstaat nur für die Bedürftigen, der sich auf eine selektive armutszentrierte Sozialpolitik konzentriert."[76]

Dazu kommt die Schwierigkeit der Berechnung eines Existenzminimums, da immer eine Wertung erfolgen müsse, welche Ausgaben regelsatzrelevant sind und welche nicht – und dazu noch in welcher Höhe.[77]

Bei der Recherche fiel auch auf, dass es für einige Annahmen noch keine gesicherten wissenschaftlichen Erkenntnisse gibt. Die Forschung könnte beispielsweise durch Untersuchungen zu gestuften existenzsichernden Beträgen nach Alter der Kinder das

---

[70] Vgl. Bronke (2011): Die Debatte um eine Kindergrundsicherung. In: Kindergrundsicherung. S. 29f.
[71] Vgl. ebd.
[72] Vgl. ebd.
[73] Vgl. Nullmeier (2011): Politisch-strategische Überlegungen zur Kindergrundsicherung. In: Kindergrundsicherung. S. 127.
[74] Vgl. Holz und Richter-Kornweitz (2010): Kindbezogene Armutsprävention. In: Holz und Richter-Kornweitz (Hg.): Kinderarmut und ihre Folgen. S. 170.
[75] Vgl. Nullmeier (2011): Politisch-strategische Überlegungen zur Kindergrundsicherung. In: Kindergrundsicherung. S. 127, 129.
[76] Nullmeier (2011): Politisch-strategische Überlegungen zur Kindergrundsicherung. In: Kindergrundsicherung. S. 129.
[77] Vgl. a.a.O. S. 123.

bisherige altersunabhängige Modell der Kindergrundsicherung infrage stellen. Darauf verweist auch Becker bezüglich der Bemessung des Existenzminimums.[78]

Einen wichtigen Einwand zur Bemessung hat auch Nullmeier: Durch die Hochwertung von Kindern besonders in der politisch dominierenden Mittelschicht reiche es nicht, Kindern nur ein Existenzminimum zuzugestehen, sie hätten viel mehr Anrecht auf ein ‚minimal gutes Leben'.[79]

> „Ein minimal gutes Leben für Kinder ist ein kindergerechtes, in bestimmten Sinne auf Entfaltungsmöglichkeiten und Tugenden ausgerichtetes, tendenziell durchaus ‚bürgerliches', daher auch auf Gesundheit und Ernährung besonderen Wert legendes Leben, und dies erfordert weitaus mehr finanzielle Förderung als die empirischen Daten der EVS [Einkommens- und Verbrauchsstichprobe der amtlichen Statistik in Deutschland, Anm. d. V.] nahe legen."[80]

Die Bestimmung eines ‚minimal guten Lebens' für Kinder und ihren relativ hohen Bedarf erreiche man jedoch nicht durch die Orientierung an niederen Einkommensgruppen.[81] Dennoch erfolgt die Berechnung derzeit mit Orientierung an denen, deren Leben sich gerade durch Mangel auszeichnet und die kein Vorbild dafür sind, wie Kinder aufwachsen sollten. Auch Stork kritisiert, dass die speziellen Bedarfe von Kindern und Jugendlichen bei der Berechnung des Existenzminimums bisher kaum beachtet würden.[82] Die Orientierung am Ausgabeverhalten alleinstehender Erwachsener[83] verfehlt die Bedarfe der Zielgruppe Kinder.

Grundsätzlich werden die meisten Menschen zustimmen, dass auch Kinder aus armen Familien ein Recht auf Bildung haben, aber in welchem Umfang dieses von staatlicher Seite zu gewährleisten ist, da scheiden sich die Geister. So gibt es auch Parteien wie die CDU, die die bisherige Regelung ausreichend finden und keine Verbesserungen der Finanzierung von Kindern aus armen Familien anstreben.[84]

---

[78] Vgl. Becker (2011): Ökonomische Auswirkungen aktueller Vorschläge gegen Kinderarmut. In: Kindergrundsicherung. S. 65.
[79] Vgl. Nullmeier (2011): Politisch-strategische Überlegungen zur Kindergrundsicherung. In: Kindergrundsicherung. S. 125.
[80] Ebd.
[81] Vgl. a.a.O. S. 124.
[82] Vgl. Stork (2018): Armut von Kindern und Jugendlichen. In: Schäfer, Montag, Deterding (Hg.): „Arme habt ihr immer bei euch". S. 95.
[83] Für nähere Ausführungen zur Berechnung des Regelsatzes für Erwachsene und die davon abgeleiteten Prozentsätze für Kinder inkl. ihrer Kritik vgl. Caritas (2008): Spezial zur Kinderarmut. Abgerufen am 08.03.2020 von: https://www.caritas.de/neue-caritas/heftarchiv/jahrgang2008/artikel2008/spezial-zur-kinderarmut.
[84] Vgl. CDU-CSU (2019): Marcus Weinberg: Eine allgemeine Kindergrundsicherung – in der Breite –lehnen wir momentan ab. Abgerufen am 15.03.2020 von: https://www.cducsu.de/themen/familie-frauen-arbeit-gesundheit-und-soziales/marcus-weinberg-eine-allgemeine-kindergrundsicherung-der-breite-lehnen-wir-momentan-ab.

Lange gibt auch zu bedenken, dass die Gefahr bestehe, dass Familien aus dem SGB-II-Bezug fallen, die aber weiterhin hilfebedürftig und dann nicht mehr gut an Hilfesysteme angebunden wären.[85]

Holz schildert im Hinblick auf kindbezogene Armutsprävention die Bedeutung eines kommunalen Präventionsnetzes und der Resilienzförderung bei Kindern[86] - ebenfalls Punkte, die die Kindergrundsicherung nicht bearbeiten kann.

Ein weiteres Hindernis für das Modell der Kindergrundsicherung wäre die notwendige rechtliche Umstrukturierung, da Auswirkungen auf verschiedenste Rechtsbereiche wie Verfassungsrecht, Sozialrecht, Einkommenssteuerrecht und Unterhaltrecht unvermeidbar wären.[87] Dieser Aufwand könnte neben den Kosten vor einer Umsetzung abschrecken.

Letztlich ist die Einführung einer Kindergrundsicherung nicht zwingend, da auch andere Möglichkeiten zur Auswahl stünden, Bedürftigkeit zu verringern.[88] Als Alternative oder auch Vorstufe zur Kindergrundsicherung wird meistens eine Erhöhung bzw. Reformierung des Kinderzuschlags gehandelt, wie sie auch der DGB vorschlägt.[89] Allerdings hätte der reformierte Kinderzuschlag eine deutlich geringere Auswirkung auf die Kinderarmutsquote: Laut Berechnungen von Becker sinke diese nur vier bis fünf Prozentpunkte[90] verglichen mit 13,2 Prozentpunkten bei der Kindergrundsicherung. Ein anderes Konzept wären neubemessene Kinderregelsätze wie sie die Caritas vorschlägt.[91]

Zusammengefasst wurden folgende Grenzen bzw. Schwächen der Kindergrundsicherung ermittelt:

- Teillösung, die mit zahlreichen weiteren Maßnahmen kombiniert werden sollte
- Fokus auf finanzieller Ausstattung statt Teilhabe
- Gewichtung sozialer Dienstleistungen vs. Transferleistungen strittig
- Schwierigkeiten der Berechnung eines (Kinder-)Existenzminimums
- Forschungslücken
- Notwendigkeit einer rechtlichen Umstrukturierung
- Konkurrenz mit alternativen Konzepten

---

[85] Vgl. Lange (2011): Kindergrundsicherung – eine gute Idee? In: Kindergrundsicherung. S. 11.
[86] Vgl. Holz (2010): Kindbezogene Armutsprävention als struktureller Präventionsansatz. In: Holz und Richter-Kornweitz (Hg.): Kinderarmut und ihre Folgen. S. 122.
[87] Vgl. König und Schopp (2011): Kinder brauchen mehr! In: Kindergrundsicherung. S. 39.
[88] Vgl. Lange (2011): Kindergrundsicherung – eine gute Idee? In: Kindergrundsicherung. S. 11f.
[89] Vgl. a.a.O. S. 8. und vgl. Becker (2011): Ökonomische Auswirkungen aktueller Vorschläge gegen Kinderarmut. In: Kindergrundsicherung. S. 62.
[90] Vgl. Becker (2011): Ökonomische Auswirkungen aktueller Vorschläge gegen Kinderarmut. In: Kindergrundsicherung. S. 84.
[91] Vgl. Caritas (2008): Spezial zur Kinderarmut. Abgerufen am 08.03.2020 von: https://www.caritas.de/neue-caritas/heftarchiv/jahrgang2008/artikel2008/spezial-zur-kinderarmut.

4. Fazit

Insgesamt überzeugt die Kindergrundsicherung als Teil eines gerechten Familienfördersystems, von dem neben den Kindern besonders (bisher) verdeckt Arme und Alleinerziehende profitieren würden.[92] Die große Reduzierung der Kinderarmutsquote auf voraussichtlich 3,3 % rechtfertigt die höheren Kosten im Vergleich zu alternativen, weniger effektiven Vorschlägen wie dem verbesserten Kinderzuschlag. Trotzdem ist wichtig, festzuhalten, dass das Modell nicht alternativlos ist und auch andere Konzepte Fortschritte im Kampf gegen die Kinderarmut bedeuten würden.

Die Schwierigkeit ergibt sich bei der Kindergrundsicherung vor allem dadurch, dass sie viele Veränderungen des bisherigen Rechts benötigt, weshalb eine baldige Umsetzung nicht wahrscheinlich ist. Der Vorschlag u.a. von Becker,[93] mit dem verbesserten Kinderzuschlag die Zeit bis zur Implementierung der Kindergrundsicherung zu überbrücken, klingt daher sinnvoll und realistisch.

Allerdings hat die Recherche auch berechtigte Zweifel an dem Konzept des Existenzminimums für Kinder an sich aufgeworfen. Die speziellen und hohen Bedarfe von Kindern sollten angemessen gewürdigt werden. Dazu kommt die unsichere Forschungsgrundlage. Jedoch wäre es nach einer Einführung der Kindergrundsicherung jederzeit möglich, die Beträge im Sinne eines ‚minimal guten Lebens' oder auch im Hinblick auf neuere Forschungserkenntnisse anzupassen.

Schließen möchte ich sinngemäß mit den Worten von Karl Bronke. Die Zeit für eine Lösung der Kinderarmut ist günstig: wir haben Kinderarmut als ein zu lösendes Problem erkannt und durch zahlreiche Lösungsvorschläge ebenfalls die Möglichkeit zu handeln.[94] Jetzt liegt es an der Politik, diese Vorschläge umzusetzen.

---

[92] Vgl. König und Schopp (2011): Kinder brauchen mehr! In: Kindergrundsicherung. S. 38.
[93] Vgl. Becker (2011): Ökonomische Auswirkungen aktueller Vorschläge gegen Kinderarmut. In: Kindergrundsicherung. S. 84.
[94] Vgl. Bronke (2011): Die Debatte um eine Kindergrundsicherung. In: Kindergrundsicherung. S. 29.

5. Quellen

5.1 Printquellen

Becker, Irene: Ökonomische Auswirkungen aktueller Vorschläge gegen Kinderarmut. In: Lange, Joachim und Frank Nullmeier (Hg.): Kindergrundsicherung: (K)eine gute Idee? Rehburg-Loccum 2011. S. 55 – 89.

Bronke, Karl: Die Debatte um eine Kindergrundsicherung. In: Lange, Joachim und Frank Nullmeier (Hg.): Kindergrundsicherung: (K)eine gute Idee? Rehburg-Loccum 2011. S. 15 – 32.

Butterwegge, Christoph: Hartz IV und die Folgen. Auf dem Weg in eine andere Republik? 2. Auflage, Weinheim und Basel 2015.

Holz, Gerda und Antje Richter-Kornweitz: Kindbezogene Armutsprävention. Eine Handlungsanleitung für Praxis und Politik. In: Holz, Gerda und Antje Richter-Kornweitz (Hg.): Kinderarmut und ihre Folgen. Wie kann Prävention gelingen? München 2010. S. 170 – 178.

Holz, Gerda: Kindbezogene Armutsprävention als struktureller Präventionsansatz. In: Holz, Gerda und Antje Richter-Kornweitz (Hg.): Kinderarmut und ihre Folgen. Wie kann Prävention gelingen? München 2010. S. 109 – 125.

König, Barbara und Nicola Schopp: Kinder brauchen! Der Vorschlag des Bündnisses KINDERGRUNDSICHERUNG. In: Lange, Joachim und Frank Nullmeier (Hg.): Kindergrundsicherung: (K)eine gute Idee? Rehburg-Loccum 2011. S. 33 – 40.

Lange, Joachim: Kindergrundsicherung – eine gute Idee? Ein Überblick. In: Lange, Joachim und Frank Nullmeier (Hg.): Kindergrundsicherung: (K)eine gute Idee? Rehburg-Loccum 2011. S. 7 – 13.

März, Daniel: Kinderarmut in Deutschland und die Gründe für ihre Unsichtbarkeit. Weinheim und Basel 2017.

Nullmeier, Frank: Politisch-strategische Überlegungen zur Kindergrundsicherung. In: Lange, Joachim und Frank Nullmeier (Hg.): Kindergrundsicherung: (K)eine gute Idee? Rehburg-Loccum 2011. S. 119 – 129.

Reichwein, Eva: Kinderarmut in der Bundesrepublik Deutschland. Lebenslagen, gesellschaftliche Wahrnehmung und Sozialpolitik. Wiesbaden 2012.

Stork, Remi: Armut von Kindern und Jugendlichen. In: Schäfer, Gerhard, Montag, Barbara und Joachim Deterding (Hg.): „Arme habt ihr immer bei euch". Armut und soziale Ausgrenzung wahrnehmen, reduzieren, überwinden. Göttingen 2018. S. 87 – 98.

5.2 Internetquellen

Bündnis KINDERGRUNDSICHERUNG: Kinderarmut hat Folgen. O.J. Abgerufen am 08.03.2020 von: http://www.kinderarmut-hat-folgen.de/.

Caritas: Spezial zur Kinderarmut. 2008. Zuletzt geändert: 2013. Abgerufen am 08.03.2020 von: https://www.caritas.de/neue-caritas/heftarchiv/jahrgang2008/ artikel2008/spezial-zur-kinderarmut.

CDU-CSU: Marcus Weinberg: Eine allgemeine Kindergrundsicherung – in der Breite –lehnen wir momentan ab. 2019. Abgerufen am 15.03.2020 von: https://www.cducsu.de/themen/familie-frauen-arbeit-gesundheit-und-soziales/marcus-weinberg-eine-allgemeine-kindergrundsicherung-der-breite-lehnen-wir-momentan-ab.

Kinderrechtskonvention.info: Recht auf einen angemessenen Lebensstandard. O.J. Abgerufen am 14.03.2020 von: https://www.kinderrechtskonvention.info/recht-auf-einen-angemessenen-lebensstandard-3611/